Deutschland.
Ein Dichtermärchen.

Wolfgang Brenneisen

hat Bücher geschrieben und Ausstellungen gemacht.
Weitere Informationen unter:
https://de.wikipedia.org/wiki/Wolfgang_Brenneisen

Wolfgang Brenneisen

Deutschland. Ein Dichtermärchen

FSC
www.fsc.org
MIX
Papier aus verantwortungsvollen Quellen
Paper from responsible sources
FSC® C105338

Verlag: BoD • Books on Demand GmbH,
In de Tarpen 42, 22848 Norderstedt
Druck: Libri Plureos GmbH,
Friedensallee 273, 22763 Hamburg
ISBN: 978-3-7597-8539-8

Inhalt

Das Volk der Dichter und Denker

Was ist nur mit Deutschland los? An allen Ecken und Enden klemmt und stockt es. Was früher eine Selbstverständlichkeit war, ist jetzt ein Problem. Die Bahn, die Straßen, die Schulen, die Krankenhäuser – allenthalben ist es nicht mehr, wie es früher einmal war. Der Exportweltmeister von ehedem ächzt, das Gespenst einer Deindustrialisierung erhebt sein schauriges Haupt.
Und dennoch, es gibt auch Zeichen der Hoffnung. Sind wir nicht ein Volk der Dichter und Denker, das im geistigen Bereich wettmachen könnte, was es im materiellen nicht schafft? Es ist kein geringer Trost, dass trotz allem weiterhin in der ehrwürdigen Tradition gedichtet wird, in den großen Städten wie in den kleinen, auf dem platten Land wie an der See, auf der Parkbank wie im Eisenbahnabteil.
Zwar ist nicht alles meisterhaft, aber darauf kommt es in unserer schwierigen Situation nicht an. Dieses Dichten ist zu verstehen als eine Art Breitensport, aus dem gelegentlich Spitzenleistungen hervorgehen. Und selbst wenn ein Dichter bzw. eine Dichterin nur Murks produziert, ist der bloße Leistungswille lobenswert. Würden sich alle anderen in ihren Berufen und Jobs auch so engagiert an die Arbeit machen, könnte es mit unserem Land nur aufwärts gehen!
In dieser kleinen Beispielsammlung soll auf das fruchtbare Rumoren im Lande hingewiesen werden, das offiziell kaum gebührend gewürdigt wird. Selbstverständlich kommen hier auch einige der großen Dichter und Denker von früher und heute zu Wort, an denen wir uns orientieren wollen und die zeigen, wo es langgeht. Überdies mögen ein paar Worte der Erklärung dem Lyrikfernen helfen, einen Zugang zu den Gedichten zu finden.

Verrannt

Ein fleißiger Dichter in Biberach,
der dichtete hurtig am Biber-Bach.
Er dichtete flott –
doch alles war Schrott.
Das Ende: ein furchtbarer Ehekrach!

Die Exegese

W. war eigentlich Finanzbeamter und hatte dreißig Jahre lang seine Aufgaben zur Zufriedenheit seiner Vorgesetzten erledigt. Doch dann ritt ihn unversehens der Teufel, er wollte nicht immer nur mit Zahlen umgehen, sondern eine Tätigkeit ausüben, die SINN machte. Also fing er an, Gedichte zu schreiben. Nicht, dass er damit seinen Beruf vernachlässigte. Tagsüber beschäftigte er sich weiterhin mit den Zahlen, ein größerer Fehler war ihm nicht nachzuweisen. Doch in seiner „Freizeit" dichtete er ohne Unterlass, fast schon die ganze Nacht hindurch. Es kam, wie es kommen musste: W. erlitt einen Burnout und musste in die Klinik. Seine Frau drohte, sich von ihm scheiden zu lassen, wenn er so weitermachte. W. bereute, schwur der Dichterei ab und ging wieder Tag für Tag ins Amt, bis zu seiner Pensionierung. Nun hätte er ja wieder dichten können, aber darauf hatte er jetzt keinen Bock mehr. Ein schönes Happy End rundet also die Geschichte ab.

Christoph Martin Wieland

Kein Vorbild

Ein Dichter mit Namen Dicht,
der war kein Großer, kein Licht.
Er dichtete: Humm!
und weiter: Wumm!
und sagte: Dies ist ein Gedicht.

Die Exegese

Man muss den Dichter an seinen Gegebenheiten messen, will man zu einem gerechten Urteil kommen. Dichts Artikulationsmöglichkeiten sind naturgemäß beschränkt. Folglich ist es schon eine beachtliche Leistung, was er hier zustande bringt. Im lyrischen Ranking dürfte er im unteren Mittelfeld liegen, das heißt, er lässt eine große Zahl von ambitionierten Lyrikern hinter sich zurück! Wenn er noch einen kompletten Dreizeiler schafft, steigt er eine Stufe höher und könnte sich ohne weiteres an Poetry-Slams beteiligen.

Humm!
Wumm!

So war er halt

Der Augsburger Bertolt B. Brecht,
der sagte: „Mir wird richtig schlecht!
Dieser lausige Wichtel
schreibt nur miese Gedichtel!
Das Zeug ist hohl und nicht echt!“

Die Exegese

Bertolt Brecht war kein Leisetreter. Schon als jugendlicher Theaterkritiker in Augsburg bezeichnete er, was das Augsburger Schauspiel einmal aufzuführen gewagt hatte, als „Saustück“. Nach Protest der Betroffenen antwortete er: „Im Ausdruck können Zugeständnissse gemacht werden. Statt Saustück kann Schweinstückchen geschrieben werden…“ Und ähnlich harsch war sein Urteil auch bei lyrischen Hervorbringungen. Wen genau er in dieser Verdammung gemeint hat, ist in der Forschung umstritten. Wer das Rätsel zweifelsfrei löst, hätte das Format für eine Habilitation.

Bertolt Brecht

POET

Rein versehentlich

Ein zerstreuter Dichter in Rosenheim
fuhr eines Nachts ohne Hosen heim.
Die gute Polizei
ließ ihn wieder frei:
„Monsieur, lass er solche Chosen sein!“

Die Exegese

Der Dichter R. hatte das Herz auf dem rechten Fleck. Dienst ist Dienst und Schnaps ist Schnaps, pflegte er zu sagen, wobei er unter „Dienst“ den Dienst am Wort verstand und unter „Schnaps“ Leben, Liebe und Ausschweifung. Beim Dichten hatte er immer die Hosen an, bei ernsteren Stoffen band er sich sogar eine Krawatte um. In einer Schnaps-Situation dagegen konnte auch mal das eine oder andere Kleidungsstück fehlen, ohne dass R. deswegen Gewissensbisse bekommen hätte.

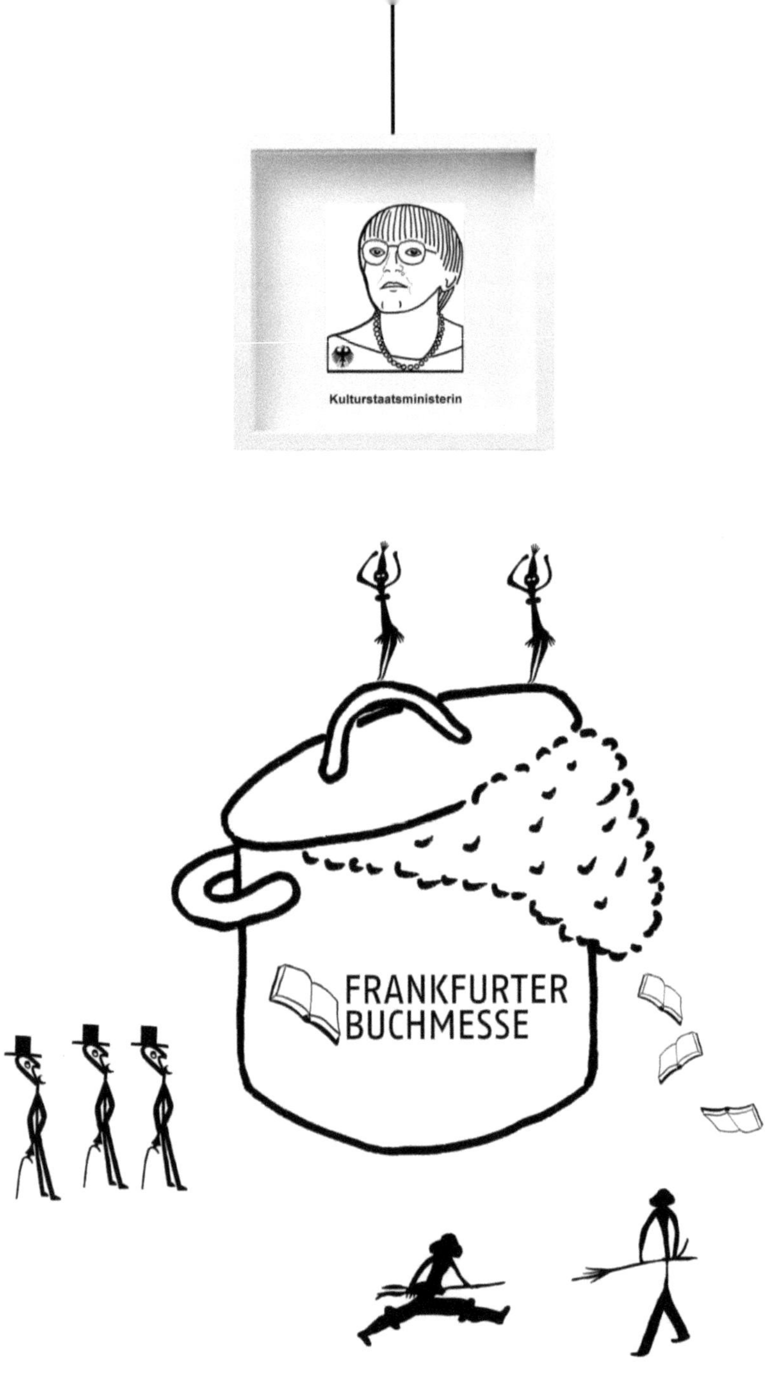
Kulturstaatsministerin
FRANKFURTER
BUCHMESSE

Der Auftrieb der Poeten

In der Messe von Frankfurt am Main,
da fielen die Dichter ein.
Das war ein Gedrängel!
Die Mädels, die Bengel,
sie drängten von der Ems und vom Rhein.

Die Exegese

Es war einmal ein Dichter, der hatte es zu nichts gebracht, das heißt, er hatte gedichtet und gedichtet – und niemand hatte davon Notiz genommen. Nun war ihm aber zu Ohren gekommen, dass es ein Zauberland mit Namen Buchmesse gebe, in dem das Wünschen noch helfen würde. Ja, das bloße Erscheinen würde die Erfüllung der innigsten Wünsche auslösen. Also begab sich der Dichter nach F., mischte sich unter die Verleger, Agenten, Buchhändler, Filmproduzenten, die Zauberer von Funk und Fernsehen, die Mäzene, Sponsoren, Samariter und anderen Wohltäter. Aber siehe, wieder nahm niemand Notiz von ihm. Enttäuscht fuhr er nach Hause, setzte sich in sein Kämmerlein, weinte bitterlich und musste sich eingestehen, dass er einem Lügenmärchen aufgesessen war. Verdrossen nahm er die Feder zur Hand und begann wieder zu dichten. Und wenn er nicht gestorben ist, dann dichtet er noch heute…

Botho Strauß

Anschwellender Bocksgesang

Der Botho Strauß, der Botho Strauß,
der ist so manchen schwarzer Graus.
Der Botho singt mit geilen Böcken,
um neue Spießer zu erschrecken...

Die Exegese

Der Essay „Anschwellender Bocksgesang" 1993 im „Spiegel" löste einen Sturm im feuilletonistischen Wasserglas aus, dessen Nachbeben noch heute in einschlägigen Kreisen dankbar vermerkt wird. Eine Exegese ist schwer. Das Text- und Sinngewebe ist so fein gesponnen, dass man sich mit jedem Deutungsversuch den Vorwurf der Beschränktheit, ja Dummheit einhandelt. Einige Exegeten hatten die ultimative Erleuchtung, andere sind dem Wahnsinn verfallen.

Poetische Raserey

In Rostock drei Dichterinnen,
die dichteten wie von Sinnen.
Doch dann hieß es: Schluss!
Denn alles war Stuss!
Diese Einsicht war zu gewinnen.

Die Exegese

Teamwork wird heutzutage überall gelobt und propagiert. Je mehr Köpfe und Körperteile sich zusammentun, umso eher wird ein optimales Ergebnis erzielt, heißt es. Das mag ja im Allgemeinen stimmen, doch nicht in jedem Fall. Wenn sich wie hier drei dem Wort verfallene Damen miteinander verbünden, potenziert sich der Schwachsinn bis ins Unermessliche. Hinzuzufügen ist, dass die drei Lyrikerinnen umsattelten und fortan Yoga und Ikebana betrieben – mit gutem Erfolg! Sie wurden sogar Influencerinnen!

Berufliche Tragik

Ein Dichter fand im Limerick
Befriedigung und tiefstes Glück.
Doch nachts (nach so viel Limericken)
wollt' ihm im Bette nichts mehr glücken.

Die Exegese

Extremes Spezialistentum und Einseitigkeiten sind zu vermeiden, daraus erwächst nichts Gutes. Nehmen wir den Dichter G. in Gotha. Er sah im Limerick eine einmalige Gelegenheit, die Nummer eins zu werden – weltweit. Tatsächlich brachte er es zu einer solchen Fertigkeit, dass er in jeder Situation einen Limerick aus der Hüfte abfeuern konnte. Bei einem diesbezüglichen Poetry-Slam hätte er jeden Konkurrenten mit Leichtigkeit über den Haufen geknallt. Und was hatte er davon? Die Girls hielten den Limerick für total abgefuckt und für so was von gestern. In Gotha konnte bei ihnen nur einer landen, der sie in einem Sonett kunstgerecht anhimmelte…

Die Berliner Luft

Ein Dichter, der sprach in Berlin:
„Ick brooche keen Nikotin!
Ick atme een -
Mann, is det feen!
Berlin is konz. Glyzerin!“

Die Exegese

Es ist schon erstaunlich, wie Berlin eine dichterische Höchstleistung nach der anderen hevorbringt. Wie ist das zu erklären? Es besteht der Verdacht, dass es sich um heimtückisches Doping handelt. Die Berliner Luft soll eine Substanz enthalten, die die dichterische Zeugungskraft exponentiell verstärkt. Kein Wunder, dass Dichter in anderen Städten und Landesteilen unter diesen unfairen Umständen nicht mithalten können. Deshalb haben sich benachteiligte Dichter zusammengerottet, um dem tollen Treiben auf dem Rechtsweg ein Ende zu setzen. Die Berliner Literatenszene bleibt cool und will das Ganze in Ruhe aussitzen, aus gutem Grund, denn die Mühlen der deutschen Justiz mahlen gründlich und langsam. Vor Ende dieses Jahrhunderts ist eine rechtskräftige Entscheidung nicht zu erwarten.

Unser Karl

Aachen

Es war ein Dichter in Aachen,
der dichtete lustige Saachen.
Doch das Publikum
war einfach zu dumm
und konnte darüber nicht laachen.

Die Exegese

Die Aachener sind im Allgemeinen gutmütige Leute, doch bei ihrem Kaiser Karl, der vor über tausend Jahren unter ihnen weilte (jedenfalls gelegentlich) verstehen sie keinen Spaß. Das musste der Dichter A., ein Zugezogener aus Kohlscheid, erfahren. Dieser Hornochse erlaubte sich ein paar blöde Scherze über den Kaiser. Das ging den Aachenern so auf den Keks, dass sie ihn mit Verachtung straften. Entnervt wechselte A. den Wohnort und zog nach Würselen. Dort soll er der Dichtkunst abgeschworen haben und nur noch Sudoku-Rätsel lösen.

das

Pferd

fliehende

Entschlossenes Dichten

Herr Walser in Überlingen
begann mit dem Worte zu ringen.
Das Wort schrie nein!
Lass das bloß sein!
Doch der Martin, der konnte es zwingen.

Die Exegese

Schon der Dichter Friedrich Schiller beklagte sich vor zweihundert Jahren, als er mit seinem „Wallenstein“ rang, wie ungeschmeidig sein Bölkstoff sei. Nicht anders erging es dem Dichter Martin Walser. Er wollte einen schönen Pferderoman schreiben, der sich wie eine warme Semmel verkaufen würde – und kam nicht über den ersten Satz hinaus! In seiner Verzweiflung schwang er sich (der noch nie auf einem Pferd gesessen hatte) auf einen Gaul, der zufällig in Nachbars Garten stand und graste. Der nichts Böses ahnende Gaul raste los wie von der Tarantel gestochen und warf den tumben Reiter bald ab. Walser kam mit ein paar blauen Flecken davon, aber das war ihm egal, denn der Sturz hatte seine Schreibblockade beendet, und er dichtete, dass es nur so rauchte…

Bäh! Mäh!

Therapeutisches Dichten

Ein Dichter unter den Schafen
im herrlichen Wilhelmshaven,
der dichtete: Bäh!
und dann noch: Mäh!
Das half den Schafen beim Schlafen.

Die Exegese

Dass Tiere dichten können, wird von den meisten Menschen ins Reich der Fabel verwiesen. Das ist falsch! In unserem Fall beweist der Schafsdichter, dass er genau erfasst, worauf es ankommt. Ein Gedicht sollte nämlich zweierlei: erfreuen und zugleich nutzen! Und so haben hier die Mitschafe nicht nur ein ästhetisches Vergnügen beim Vortrag des Poems, sondern auch einen körperlichen, ja existenziellen Vorteil. Man stelle sich vor: Bei einem humanen Poetry-Slam fallen alle Zuhörer in einen wohltuenden Schlaf – wäre das nicht herrlich?

Frauenlob

Ein galanter Dichter in Kamen
bedichtete feurig die Damen.
Der clevere Mann
kam prima an
und konnte tüchtig besamen.

Die Exegese

Der Minnedienst, wie ihn Altmeister Walther von der Vogelweide und Konsorten vor Jahrhunderten betrieben, ist leider in Vergessenheit geraten. Wenn heutzutage etwas Anerkennendes über die Frauen gesagt wird, mischt sich leicht ein vergrämter Ton ein. Dichter K. packte die Sache anders an. Er hatte beispielsweise eine Dame zum Dinner eingeladen und trug nach dem Cognac ein Loblied aus eigener Herstellung vor – auswendig! Da gerieten die Herzen in Wallung…

Mal so, mal so

Es war ein Dichter am Rhein,
dem fiel so mancherlei ein.
Zum Beispiel: „Hopp!“
Und: „Alles Flop!“
Das schrieb er beim Mondenschein.

Die Exegese

Das gibt es bei den empfindsamen Dichtern öfters: zuerst himmelhoch-jauchzend, dann zu Tode betrübt. Unsereiner lebt oder vegetiert in einer Mittellage, das Leben plätschert unbedeutend dahin und versickert irgendwie. Der Dichter dagegen reißt uns in die Extreme und markiert die äußersten Pole unseres Daseins.

Alles Flop!

Der Kritiker

Marcel Reich-Ranicki-Ranick
war ein Meister scharfer Kritik.
Da half kein O je!
und auch kein O weh!
Es ging dem W. ans Genick -

Die Exegese

Wenn ein Kopf und ein Buch zusammenstoßen und es klingt hohl, ist das allemal im Buch?

Georg Christoph Lichtenberg
1742 - 1799

Marcel Reich-Ranicki

Eine schöne Harmonie

Ein lustiger Dichter in Weinheim,
der schenkte einer Dame Wein ein.
Sie leerte das Glas
und sagte zum Spaß:
Mit Wein werde ich immer dein sein…

Die Exegese

Der Wein und die Dichtkunst: Das ist eine lange, schöne Geschichte. Wenn wir den Miesepetern, die sagen, dass der Wein des Teufels sei, folgen und alle Gedichte streichen würden, die im Suff entstanden sind – was bliebe dann noch übrig? Der Dichter G.. hatte immer eine Batterie Flaschen im Hause. Zur Inspiration nahm er einen Schluck und noch einen. Erhielt er dann unverhofft Damenbesuch, war er schon in guter Stimmung. Unter diesen Umständen konnte das Dichten auch auf den nächsten Tag verschoben werden. G. war eben ein souveräner Geist.

Das Wort zum Sonntag

Er sprach so gut, so tief, so wahr,
dass sich mir sträubte Haar um Haar.
Doch wenn ich forsche jetzt im Innern,
kann ich mich glatt an nix erinnern.

Die Exegese

Bischof S. hatte den Bogen raus. Er predigte aus dem Stegreif und war in allen Disziplinen Spitze, ob beim Sprint oder Marathon, sei es die kurze Morgenandacht im Radio oder die barocke, mehrstündige Donnerpredigt open-air im Stadion – Bischof S. fand immer das richtige Wort, man könnte auch sagen: Die Worte fanden zu ihm, wie die Schafe zum Hirten. Das Besondere, man kann sagen sein Alleinstellungsmerkmal war, dass er im Eifer des Gefechts in quasi dichterische Gefilde geriet, in seine Rhetorik mischten sich astreine Hexameter, sodass den Zuhörern richtig blümerant zumute wurde – hosianna und wow! Als ihn der HERR zu sich berief (wahrscheinlich als Pressesprecher), blieb im irdischen Bereich wie ein Echo seiner Worte eine zauberhafte Wolke zurück, die allmählich verblasste und sich schließlich in nichts auflöste.

Hohe Fertilität

In Lübeck Herr Günter Grass,
der schrieb ohne Unterlass
mit einem Spane
dicke Romane,
die waren mal lieblich, mal krass.

Die Exegese

Günter Grass war schon ein Tausendsassa! Und ein Schlitzohr. Anscheinend war er in allen Sätteln gerecht: Roman, Drama, Essay, Rede. Zeichnungen, Grafik, Malerei, Bildhauerei. Kochkunst (Butt, gedünstet oder gebraten). Musik? Wahrscheinlich wird sich noch herausstellen, dass er zu fortgeschrittener Stunde gewandt in die Tasten seines Schifferklaviers griff und die Zuhörer zu Tränen rührte. Und natürlich Gedichte. Sehr zarte, aber auch nachdenklich stimmende Gebilde, die er einfühlsam vorzutragen wusste. Wenn jedoch die Zuhörer beseligt in höheren Sinnebenen schwebten, zögerte Grass nicht, unversehens die Blechtrommel zu bearbeiten, dass die Ohrwatscheln des andächtig lauschenden Publikums zu vibrieren begannen…

Zwangshandlungen

Ein Dichter im lieblichen Müllheim
schrieb in ein Büchel viel Müll rein.
Und dieser Tor
las ihn auch vor!
Er konnte einfach nicht still sein…

Die Exegese

Die Logorrhoe („krankhaft gesteigerter Drang zur Sprachäußerung, häufig durch Mangel an Selbstkontrolle bedingt") befällt normale Menschen, nicht selten aber auch Dichter. Wie soll man damit umgehen? Die eine medizinische Schule empfiehlt Unterdrückung (das Maul halten), die andere dagegen das öffentliche Ausleben (Poetry Slam). Im zweiten Fall geht man davon aus, dass das ständige Quatschen dem Sprechenden selbst auf den Keks geht und er schließlich verstummt. Beim jetzigen Stand der medizinischen Forschung bleibt offen, welche Therapie besser wirkt.

Mensch, werde wesentlich!

Ein Mann der hohen Politik,
den wurmte die böse Kritik:
„Das ist so ein Dreck!
Ich gehe jetzt weg
und suche im Dichten mein Glück!"

Die Exegese

Das wäre natürlich die Sensation: Wenn ein bedeutender Politiker den ganzen Bettel hinschmeißen würde, um die Wahrheit im Wort (mit dem er eben noch so aalglatt hantiert hat) zu suchen. Uns ist kein Fall in der wirklichen Welt bekannt. Hier handelt es sich um reines Wunschdenken. Luftige Dichterfantasie.

#1
JWG
100
100
100
100
100

Beklagenswerte Unterschiede

Ein Dichter für die Ewigkeit
schreibt von der Liebe, Tod und Leid.
Ein andrer zählt die Tantièmen
und sollte sich deswegen schämen.

Die Exegese

Natürlich ist der wahre Dichter dem GSW, also dem Guten, Schönen und Wahren, verpflichtet. Er muss bohren und bohren, um herauszufinden, „was die Welt im Innersten zusammenhält“. Allerdings lebt der Mensch, also auch der Dichter, nicht von Luft allein, selbst wenn er in ihr die feinsten Sinnpartikel aufspürt. Nun gibt es aber den Gegentyp, der mit seiner Dichtung skrupellos Kohle macht und sich einen Dreck um das GSW schert. Und was soll man sagen, diesem Menschen geht es saugut, und er vermisst nichts! Das darf doch nicht sein, oder?

Verpackungskünstlerin

In Köln eine tüchtige Lyrikerin,
die packte in Worte gewaltigen Sinn,
Doch welch ein Graus!
Man packte aus –
der Sinn war perdu und hin hin hin...

Die Exegese

Die Lyrikerin L. war ziemlich raffiniert. Eigentlich hatte sie keine Ideen, doch sie wusste sich zu helfen. Sie schrieb eine Zeile, nichts Besonderes, dann aber in der nächsten das genaue Gegenteil, also nach dem Prinzip „Dunkel war's – der Mond schien helle..." Damit war ein Anfang gemacht, und auf die Tour ging es weiter, eine Seite lang oder auch zwei, bis ein tiefsinniges Langgedicht entstanden war. Zwischen den Zeilen tat sich immer ein Spalt, eine Kluft, ein Abgrund auf, in den nicht wenige Experten hineinplumpsten. Manche durchschauten den Schwindel, aber im Ganzen kam L. mit ihrer Geheimnistuerei gut über die Runden und ergatterte einige Preise. Ihre Vita sieht schon jetzt sehr eindrucksvoll aus.

Religiös-poetischer Dissens

Ein frommer Dichter in der Uckermark
bedichtete endlich den Luther-Sarg.
Die Katholiken
begannen zu quieken:
Das ist protestantischer Butterquark!

Die Exegese

Martin Luther war nicht nur ein einflussreicher Vordenker, sondern auch ein beachtlicher Lyriker – 35 fromme Lieder stammen aus seiner Feder. Kein Wunder, dass heutige Dichter auf seine Schultern steigen, um ihm ihre Reverenz zu erweisen. Auch der Dichter U. aus der Uckermark hatte sich das vorgenommen. Aber es fehlte ihm die zündende Idee. 35 Jahre lang zerbrach er sich den Kopf. Dann kam der Durchbruch: Er würde Luthers Sarg zum Thema wählen! Darauf war bisher noch keiner gekommen, und wir hoffen, dass damit das Kapitel abgeschlossen ist.

Martin Luther

Finale Furioso

Beim Dichtertreffen in Wangen
hat alles ganz zart angefangen.
Doch am Abend die Dichter
hatten rote Gesichter –
sie soffen und tanzten und sangen.

Die Exegese

Wenn man Gedichte deutscher Lyrikerinnen und Lyriker liest, Band um Band, Seite um Seite, könnte man zu dem Schluss kommen: Hier fassen ernste Menschen ernste Themen in ernste Verse. Doch das wäre nur die halbe Wahrheit. Wenn die Wortschaffenden nicht gerade im „G'schäft“ und beim „G'schäft“ sind (wie der Schwabe sagt), kann es hoch hergehen, hohoho!

Martin Walser

edition imme

Wolfgang Brenneisen
Ein Lyriker packt aus.
Ansichten, Einsichten, Bekenntnisse
Books on Demand, Norderstedt
ISBN 9783759777669

Wolfgang Brenneisen
15 moderne Gedichte
im kleinen roten Buch
Books on Demand, Norderstedt
ISBN 9783756211791

Wolfgang Brenneisen
Ernst Jandl zu Ähren
Books on Demand, Norderstedt
ISBN 9783758372216

Wolfgang Brenneisen
Buk & Benno
Eine bemerkenswerte Freundschaft
Books on Demand, Norderstedt
ISBN 9783759758750

Wolfgang Brenneisen
Bücher! Bücher!
Geschichten für Buchliebhaber
Books on Demand, Norderstedt
ISBN 9783756862511

POETRY
EXIT